Henri Delaborde

Salon de 1870

Critique

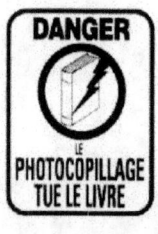
ISBN : 978-1983959943

10 9 8 7 6 5 4 3 2 1

Henri Delaborde

Salon de 1870

Critique

Table de Matières

Introduction

On sait que la nouvelle administration des beaux-arts a cru devoir cette année n'intervenir en rien dans les mesures ou les actes relatifs à l'exposition et aux exposants. Formation de la liste du jury, placement des œuvres admises, récompenses à décerner, tout a été abandonné aux intéressés eux-mêmes, tout est devenu pour eux matière à décisions sans contrôle comme sans appel. En attribuant ainsi aux artistes le droit et la faculté de régler jusqu'au bout leurs affaires, on a voulu sans doute tenter une épreuve que les circonstances pouvaient momentanément justifier, mais qui ne saurait en réalité engager l'avenir. Il serait très regrettable que l'abstention complète de l'état dans tout ce qui concerne les expositions, ouvertes jusqu'ici sous son patronage, fût érigée désormais en principe, et que le soin de reconnaître, d'encourager et de rémunérer les talents appartînt exclusivement à ceux dont la situation personnelle semble en pareil cas assurer le moins l'impartialité. D'ailleurs où s'arrêter dans cette voie ? Quelle fin de non-recevoir légitime opposer à d'autres revendications, à d'autres exigences ? Si les artistes sont seuls capables de traiter au Salon chacun selon ses œuvres, pourquoi ne seraient-ils pas appelés aussi à désigner les plus dignes là où il s'agit de commander des travaux, de pourvoir à des fonctions vacantes, de distribuer les plus hautes distinctions honorifiques ? La logique condamnerait l'administration des beaux-arts à l'abandon successif de toutes ses prérogatives, et finirait par réduire la tâche d'un ministre, fût-il Colbert en personne, à la besogne d'un greffier chargé d'enregistrer les arrêts de l'omnipotence démocratique.

Or, si l'on en juge sur certains verdicts récents, l'esprit de démocratie dans les arts ressemblerait, à s'y méprendre, à l'esprit de camaraderie ou aux petites vengeances de la vanité. Nous ne parlons pas de ces réclamations naïves qui se sont publiquement produites avant l'exposition contre « l'aristocratie du talent, » dont on déclarait sans façon « avoir assez, » ou contre l'usage fâcheux des récompenses qui « humilient les hommes auxquels on n'en accorde pas. » Il n'y a rien là qui puisse tirer à conséquence ; mais, à côté de ces enfantillages, d'autres symptômes plus sérieusement compromettants pour la dignité de notre école méritent d'être relevés et signalés. Convient-il par exemple de laisser si bien le champ libre à toutes les prétentions que les débutants de la veille ou les représentants d'un art secondaire, parfois même infime, puissent, dans le jury, usurper la place des maîtres et se trouver investis du droit de délivrer à autrui, sous forme de médaille, un brevet de capacité qu'eux-mêmes antérieurement n'avaient pas su gagner ? Je n'exagère rien : il est telle section du jury élu en 1870 où plusieurs membres en sont encore à attendre une première récompense pour leurs œuvres ; leurs noms, connus seulement de quelques jeunes artistes, ne laissent pas de faire d'autant mieux ressortir, sur la liste où ils figurent, l'absence d'autres noms consacrés par de longs succès. En outre est-il bien rassurant, pour ceux des exposants qui prennent leur art le plus au sérieux, de voir dans l'aréopage appelé à décider de leur sort tant d'hommes voués au culte du pur agrément pittoresque, des menues élégances ou des vulgaires réalités ? L'équité n'exigerait-elle pas que des mesures fussent adoptées pour garantir à tous les justiciables la parfaite compétence des juges, et pour empêcher les vaudevillistes de la peinture ou de la gravure de siéger, quelquefois en majorité, là même où les œuvres en cause appartiennent à un ordre d'art et d'esthétique tout différent ?

Nous ne demandons pas pour cela qu'on ne tienne aucun compte des mœurs ou des inclinations actuelles, et que par un abus d'autorité, par un imprudent défi à la liberté des opinions, on entreprenne de rétablir dans le domaine de l'art une sorte de religion de l'état. Sans doute il ne dépend ni d'un administrateur, ni de personne, de réformer par décret le goût d'une époque et d'obliger les gens à se détourner de ce qui les séduit pour n'admirer que ce qui est revêtu d'une approbation officielle. Il n'en est pas moins vrai qu'ici comme ailleurs l'état a des devoirs impérieux et une fonction, qu'il ne peut, en face des tentatives qui s'accomplissent, s'en tenir au rôle de témoin désintéressé, se résigner au fait, quel qu'il soit, au lieu d'en tirer des ressources pour fortifier le présent et pour préparer l'avenir. Ce qu'il peut, ce qu'il doit, c'est intervenir dans les affaires de l'art national, non certes avec la prétention de susciter à son gré de grands artistes, mais avec la ferme volonté d'élever dans l'école et dans le public le niveau des doctrines, d'approprier ! partout les tâches aux talents, les institutions aux besoins, les tentatives d'innovation même aux principes consacrés. Voilà pourquoi l'essai fait cette année ne nous semble rien de plus qu'un expédient. Il aura pu emprunter sa raison d'être aux incertitudes ou aux difficultés du moment ; mais, s'il se convertissait en usage, il entraînerait au moins le danger de fausser les situations et les rôles, et deviendrait en réalité aussi préjudiciable aux intérêts de ceux qui se seraient entêtés à le solliciter qu'à la juste influence, à la dignité de ceux qui auraient consenti de nouveau à le prescrire.

Section I

Le système, plus égalitaire que de raison, qui a prévalu pour la constitution du jury, devait, comme conséquence naturelle, amener dans le placement des œuvres la suppression de tous les privilèges et la confusion de tous les rangs. Plus de distinction entre le bon, le médiocre ou le mauvais, entre les maîtres ayant dès longtemps fait leurs preuves et les apprentis à peine émancipés ; plus de *salon d'honneur* réservé aux travaux particulièrement remarquables, plus d'autre classification que celle de l'ordre alphabétique. A la vérité, tout n'est pas neuf dans ce mode de répartition. Depuis plusieurs années déjà, la coutume s'était établie de subordonner en général la valeur relative des tableaux à l'autorité des lettres dont se compose chaque signature. Toutefois, en se continuant, le mai s'est aggravé ; les exceptions admises jusqu'ici ont été réprouvées comme une offense à l'égalité des droits, à la souveraineté du peuple artiste, et ceux-là même dont les ouvrages auraient figuré naguère à juste titre parmi les morceaux d'élite ont dû subir aujourd'hui l'hospitalité banale à laquelle les condamnait le radicalisme de la nouvelle jurisprudence. Prenons-en donc notre parti : le Salon de 1870, tel qu'il a été organisé, a, plus qu'aucun des salons précédents, le caractère d'un entrepôt où les produits de toute nature et de toutes mains se succèdent dans l'ordre que leur assignaient d'avance les étiquettes. Reste à savoir ce qui distingue au fond les uns des autres ces objets ainsi emmagasinés, et quelle part il convient de faire au talent ou à l'originalité personnelle dans ces innombrables témoignages de l'activité pittoresque et des pratiques industrielles de notre temps.

L'originalité, — j'entends l'expression imprévue et sincère d'une émotion ou d'un sentiment inspiré par la nature, — voilà ce qui fait défaut en général aux œuvres de l'art contemporain et tout spécialement à celles qu'abrite cette année le palais des Champs-Elysées. Et cependant à aucune époque on ne s'est plus bruyamment insurgé contre les traditions et les règles, jamais on n'a proclamé aussi haut les droits supérieurs du sentiment et la toute-puissance des instincts. Contraste singulier, c'est depuis qu'on parle le plus d'indépendance intellectuelle que l'imitation archaïque s'est le mieux mise en crédit, ou que l'effigie brute de la réalité a été présentée avec le moins de scrupules comme la fin suprême des beaux-arts ! D'une part la contrefaçon des monuments du passé, depuis les peintures italiennes ou flamandes du XVe siècle jusqu'aux *galanteries* françaises du XVIIIe, — de l'autre le portrait servile de la matière, en un mot, pour employer l'argot du temps, le *style bric-à-brac* et le *réalisme*, tels sont les deux termes auxquels ont abouti tant de prétendues réformes, entreprises au nom de la nouveauté et du progrès. Que faire à cela ? Travailler, nous l'avons dit, à réagir contre les vanités on les méprises par des institutions meilleures, par une doctrine plus ferme, par une méthode d'enseignement plus foncièrement philosophique, en attendant qu'il plaise à Dieu de nous envoyer quelque grand maître pour achever d'avoir raison de nos erreurs et pour dissiper toutes les équivoques.

Si, à l'exception d'une figure dont nous parlerons tout à l'heure, les tableaux exposés par les peintres français en 1870 ne fournissent guère d'exemples de ces innovations hardies, de ces intempérances même dans la manière qui peuvent être pour l'avenir une espérance ou une promesse, elle offre, au point de vue de l'habileté acquise et des intentions, plus d'un résultat digne d'éloges, plus d'une œuvre sérieusement méritoire. C'est à cette classe d'œuvres recommandables surtout par les études qu'elles ont coûtées et par le bon vouloir qu'elles attestent, qu'appartient la grande toile sur laquelle M. Tony Robert-Fleury a représenté *le dernier jour de Corinthe*. On se rappelle le très légitime succès obtenu, il y a quatre ans, par le jeune peintre de *Varsovie en 1861*. Ce succès, M. Robert-Fleury le retrouvera-t-il aujourd'hui ? L'émotion vraiment communicative que son pinceau avait réussi une première fois à exprimer s'est-elle traduite avec la même certitude dans cette autre image des tortures et de l'agonie d'un peuple ? Nous ne le croyons pas malgré le talent et la générosité des efforts que résume ce nouvel ouvrage. Sans doute il faut tenir compte de la différence entre les caractères dramatiques des deux sujets. Des actes de cruauté ou de violence qui remontent à vingt siècles ne sauraient nous apitoyer aussi sûrement que des désastres voisins de nous, que des scènes de deuil dont nous avons été en quelque sorte les témoins. Ces victimes, vêtues comme nous, attendant la mort sur le pavé de rues comme les nôtres, ces fils et ces filles de la civilisation moderne et du christianisme outragé, parlent à notre âme avec une bien autre éloquence que les souvenirs de la domination romaine et que les victimes de Mummius. Suit-il de là toutefois que celles-ci ne puissent reparaître à nos yeux qu'à titre de corps plus ou moins savamment traités et variant leurs attitudes suivant les besoins de l'ordonnance ? N'y a-t-il pas dans la ruine de Corinthe aussi bien que dans les massacres de Varsovie quelque chose de général et d'éternellement humain qu'il importait de faire ressortir autant pour le moins que les formes tout extérieures du fait ? M. Tony Robert-Fleury ne semble pas s'être assez préoccupé de cette condition nécessaire de sa tâche. On dirait que les figures qu'il a groupées s'arrangent pour exciter l'intérêt du regard de préférence à la pitié du cœur, et que sous les dehors de la désolation elles songent surtout à combiner des lignes, à concourir de leur mieux au charme ou à la majesté de l'aspect.

Cette prédominance du moyen pittoresque sur l'expression morale, qui donne presque à la composition dont il s'agit la simple signification d'une réunion d'études, rappelle donc, à l'emphase près, les procédés de l'école de Fontainebleau, sinon même ceux de Lethière, bien plutôt que l'austère méthode de Poussin et des autres grands maîtres français. Encore pourrait-on ajouter que, malgré les exagérations de leur manière, les disciples du Primatice ou de Niccolo dell' Abbate auraient mieux su, en pareil cas, racheter l'insuffisance ou l'invraisemblance de l'invention par l'ample élégance, par les formes épiques du style. Le style, c'est-à-dire l'art d'ennoblir le vrai, de l'achever en le revêtant d'une apparence nettement caractéristique, est en effet ce qui manque à l'œuvre de M. Robert-Fleury. Elle révèle beaucoup de savoir, une pratique consciencieuse de toutes les lois de la grammaire pittoresque, sans laisser pressentir au-delà de cette estimable correction ce je ne sais quoi de rare et de personnel qui fait le fond des œuvres vraiment inspirées, et qui en vivifie jusqu'aux défauts. On n'en a pas moins le devoir de louer, dans le tableau peint par M. Robert-Fleury, la fermeté du dessin et du modelé, l'harmonie du coloris, bien qu'elle résulte en général un peu trop de l'emploi des tons roux, enfin et surtout l'empreinte d'une volonté virile d'entrer en lutte avec les plus hautes difficultés de l'art. Travailler de nos jours à rétablir le talent dans une sphère supérieure aux humbles régions où les ambitions du plus grand nombre semblent avoir élu domicile, préférer les progrès qu'on peut faire à l'habileté que l'on possède déjà et qu'il suffirait de vouloir exploiter, ce n'est pas certes une inclination vulgaire, et lors même que de pareils efforts n'amèneraient qu'un résultat incomplet, il faudrait au moins honorer le désintéressement qui les inspire et le courage qu'on a de les tenter.

Une des œuvres les plus remarquées au Salon, et une des plus remarquables en effet, est l'éblouissante figure de femme peinte par M. Regnault avec une audace toute juvénile, avec le parti-pris manifeste de démentir les traditions, quelles qu'elles soient, de braver, aussi bien que nos habitudes françaises, les lois pittoresques reconnues et pratiquées par les artistes de tous les temps et de tous les pays. Sans parler de ce que peut offrir d'insolite une *Salomé* sous les traits et le costume d'une aimée arabe, il y a quelque chose d'ouvertement agressif dans l'éclat de ces chairs sans nuances au premier aspect, presque sans modelé, dans l'acidité ou la violence des tons environnants, depuis le jaune de la tenture sur laquelle la figure se découpe jusqu'au jaune de la tunique, jusqu'au cliquetis des ors et des couleurs qui s'agitent, s'entre-choquent ou scintillent, comme ces nuées d'insectes dont le vol tourbillonnant dérobe les formes au regard pour ne lui livrer par éclairs que des paillettes étincelantes. Une fois qu'on a passé condamnation sur cette recherche à outrance, sur cette ostentation de l'originalité, une fois qu'on s'est remis du premier étourdissement causé par l'excessive indépendance de cette manière, on se prend à s'associer aux intentions qu'elle traduit, à reconnaître un fonds de puissance véritable sous ces provocations et ces défis. Bien plus, ce qui n'exprimait d'abord que des témérités de touche ou des aventures de pinceau révèle les calculs d'un art délicat, un mélange singulier d'irréflexion apparente et d'adresse étudiée, un goût très raffiné, en un mot, là même

où la main semble avoir agi avec le plus de brusquerie, de précipi-
tation ou de caprice. Nous ne voulons pas exagérer le mérite qu'il
peut y avoir à juxtaposer avec à-propos des *empâtements* ou des
frottis pour simuler le relief d'une broderie d'or ou la transparence
d'une draperie de gaze. Assurément des habiletés de cet ordre sont
les moindres de toutes, et la science qu'exige l'imitation de la nature animée commande un tout autre respect ; mais quand, elles
se concilient, et c'est le cas ici, avec un sentiment de la couleur à la
fois neuf et exquis, il n'y a que justice à en tenir grand compte et à
signaler comme intéressant aussi l'intelligence ces combinaisons
ou ces contrastes matériels.

Et d'ailleurs le talent du peintre de *Salomé* consiste-t-il tout entier
dans la dextérité avec laquelle des étoffes chatoyantes et des objets
de toute espèce sont interprétés ou rendus ? Cet instinct de l'harmonie pittoresque ne se trahit-il que par le coloris des vêtements,
des tapis, des accessoires ? On serait mal fondé à le prétendre,
puisque les parties nues de la figure présentent au même degré les
qualités qui distinguent le reste, et qu'elles se recommandent en
outre par une expression de vie toute particulière, par un caractère
aussi vraisemblable qu'imprévu. Le visage souriant, mais d'un sou-
rire sauvage et comme endurci par l'inertie de la pensée, respire,
sous l'épaisse chevelure noire qui l'ombrage, une sorte de grâce sinistre, d'autant plus accentuée que la demi-teinte répandue sur l'ensemble des traits contraste avec la lumière qui inonde la poitrine
et les épaules. Ingres, aux yeux de qui « l'art de modeler dans le
clair » était le mérite nécessaire d'un peintre appelé à représenter
une figure de femme, Ingres lui-même, malgré les réserves qu'il
aurait certainement faites quant au style, n'aurait-il pas approuvé
l'ampleur de pinceau et la limpidité de l'on qui donnent à tout le
buste de *Salomé* l'unité d'un marbre animé, sinon l'aspect même de
la nature ? En tout cas, Delacroix n'aurait pas manqué d'apprécier
l'extrême délicatesse avec laquelle la transparence de l'ombre qui
enveloppe les jambes en laisse deviner le frais coloris, et peut-être
le peintre des *Femmes d'Alger* aurait-il reconnu là quelque chose
de ses propres aptitudes, un nouveau témoignage de cette finesse
suave dont il lui est arrivé de faire preuve à ses meilleurs moments.

On le voit, sans ressembler formellement à aucun d'eux, M.
Regnault en réalité sent et procède à la manière des maîtres. Tout

en se défendant avec affectation de continuer l'entreprise des autres et d'accepter en quoi que ce soit les traditions, il réveille par les preuves de son talent même les souvenirs qu'il voudrait anéantir, les comparaisons qu'il entend répudier. M. Regnault est un peintre, c'est-à-dire un homme doué de facultés spéciales, d'un vif instinct des beautés extérieures et des moyens matériels qui permettent de les imiter ; il peut devenir un maître, s'il consent à ne pas abuser de ces dons, à ne pas afficher une originalité qui n'a besoin pour être estimée à son prix ni d'autant de fracas, ni d'autant d'étalage. La jeunesse de l'artiste et les progrès qu'il a déjà faits autorisent à cet égard les espérances. La *Salomé* de cette année vaut beaucoup plus que le portrait équestre du *général Prim* exposé l'année dernière et que la *Judith* qui figurait à l'École des Beaux-Arts parmi les envois de Rome. Que M. Regnault accepte son succès présent comme un stimulant pour de nouveaux efforts, comme un encouragement à mieux faire, il justifiera pleinement ce qu'on est en droit d'attendre de lui.

Passer sans transition du tableau de M. Regnault à *la Vérité*, peinte par M. Jules Lefebvre, c'est à coup sûr rapprocher les contraires et résumer dans deux termes extrêmes quelques-unes des tendances qui divisent aujourd'hui notre école. Ici en effet, nulle préoccupation de la coquetterie pittoresque, nulle recherche de ces nouveautés dans la couleur, de ces vivacités de touche qui donnent à l'œuvre de M. Regnault sa physionomie brillante et son accent. La manière de M. Lefebvre, scrupuleuse jusqu'à la minutie, correcte jusqu'à la froideur, a quelque chose d'impassible et, si l'on veut, d'irréprochable qui, loin de s'emparer violemment du regard, ne l'attire qu'avec la prétention de le persuader, de ne lui laisser rien à pressentir, rien à deviner. On dirait presque de la figure exposée par M. Lefebvre qu'elle est trop bien peinte. Ces chairs, à force de reproduire les moindres détails de la nature, perdent du côté du style ce qu'elles gagnent en stricte vraisemblance ; il n'y a là enfin, malgré les preuves d'un incontestable talent, qu'une image muette du réel, une effigie savante, mais une effigie. Ajoutons que le caractère moderne de la tête et Il disposition des cheveux, qui semblent garder quelque chose du pli accoutumé et des formes de la coiffure actuelle, ne laissent pas de compromettre gravement le sens idéal que comportait une personnification de cet ordre. Si *la Vérité* de

M. Lefebvre revêtait la robe jaune et le mantelet de velours que
l'artiste a d'ailleurs si habilement peints dans un *portrait* voisin, elle
pourrait impunément prendre place parmi les types de la race et
de la vie contemporaines. Reléguée comme elle l'est au fond d'un
puits, elle n'a guère, malgré le miroir qu'elle élève au-dessus de sa
tête, que la signification d'une étude, d'un portrait de femme nue
assez dépaysée en pareil lieu, et qu'on ne se représente pas sans
quelque déplaisir s'installant, le moment venu, dans le seau de
cuivre placé à côté d'elle au bout d'une corde, comme un gage de
sa délivrance future.

Les toiles que nous venons de citer et que nous avons choisies
comme les spécimens les plus importants des inclinations ou des
doctrines de la jeune école en matière de style proprement dit ne
sont pas au reste les seules dans lesquelles on puisse relever des
témoignages de talent ou d'aspirations élevées. *Le Sommeil* par
M. Parrot, — la *Mort de Nessus* par M. Delaunay, bien que l'exécution de ce tableau soit en général un peu maigre et éraillée, —
le *Jugement de Midas* par M. Lévy, quoiqu'une des figures, celle
d'Apollon, nous semble absolument défectueuse, — quelques
sujets pieux, comme le *Retour de l'Enfant prodigue* par le frère
Athanase, — quelques scènes antiques comme la *Naissance d'Ho-
mère* par M. de Curzon et *le Charmeur* par M. Lecomte-Dunouy,
— d'autres œuvres encore mériteraient d'être analysées dans un
examen du Salon moins succinct que celui-ci. Enfin, à côté des talents en marche, quelques talents dès longtemps arrivés, quelques
artistes en possession d'une haute situation dans l'école, n'ont pas
dédaigné d'accepter l'hospitalité du Salon, et pourtant quelle hospitalité maussade, au moins pour deux des plus éminents d'entre
eux ! Une *Calypso* et un *portrait de femme* peints par M. Lehmann
avec sa science et son grand goût accoutumés se trouvent, en vertu
de l'ordre alphabétique, rejetés à l'extrémité de l'exposition, dans
une salle que l'on ne traverse guère que pour sortir. Deux toiles de
M. Hébert, dont l'une, intitulée *le Matin et le Soir de la vie*, peut
être mise au nombre de ses meilleurs ouvrages, demeurent per-
dues dans une de ces salles supplémentaires qu'un Müller de tableaux admis par surcroît cette année a forcé d'établir en dehors
de l'espace et du chemin ordinaires. N'y eût-il que ces exemples
des inconvénients inhérents au système actuel, ils seraient à notre

avis concluants, et suffiraient pour ôter désormais aux meilleurs artistes de notre école l'envie de courir de pareilles chances, de s'exposer à un pareil traitement. N'est-ce pas là au reste le parti que la plupart d'entre eux ont déjà pris ? Sauf M. Lehmann, M. Cabanel et M. Guillaume, aucun des peintres ou des sculpteurs appartenant à l'Académie des Beaux-Arts n'a jugé à propos d'exposer cette année. Comme les membres de l'Institut, MM. Gleyre, Baudry, Laugée, Fromentin, Gendron, Français et plusieurs autres se sont abstenus. Bientôt les plus résignés perdront courage, les plus opiniâtres quitteront la partie, et le Salon, livré à peu près exclusivement aux débutants, ne sera plus qu'un champ pour les humbles essais, sinon même tout simplement un champ de foire.

Si nous croyons devoir mentionner les deux tableaux de M. Puvis de Chavannes, — la *Décollation de saint Jean-Baptiste* et la *Madeleine au désert*, — c'est en mémoire des premiers efforts de l'artiste et des gages qu'il avait autrefois fournis, c'est pour l'exhorter à réparer au plus vite les torts de moins en moins véniels de son talent. Il serait temps, car ce talent, plein de promesses au début, ne représente plus guère depuis quelques années que la négation systématique des conditions les plus nécessaires de l'art. On se rappelle, au dernier Salon, ces deux grandes toiles sur lesquelles, pour figurer la vie naissante et l'activité commerciale de la ville de Marseille, le peintre semblait avoir pris à tâche d'amortir jusqu'à l'effacement tout ce qui aurait pu animer le ton ou la forme. Un dessin laborieusement vide, un coloris malingre à force de raffinements, une ordonnance éparpillée et comme noyée dans l'espace, — voilà ce qui donnait aux récens ouvrages de M. de Chavannes un caractère d'autant plus fâcheux qu'on se souvenait mieux des espérances qu'avaient paru autoriser jadis la *Paix*, la *Guerre* et plusieurs autres compositions remarquables. Les deux tableaux qu'il nous montre aujourd'hui ne sauraient qu'accroître les regrets de la critique et de ceux-là même qui avaient cru d'abord pouvoir le mieux augurer de lui.

La critique au contraire méconnaîtrait ses devoirs, si elle marchandait à un peintre étranger, M. Matejko, les encouragements et les éloges. L'*Union de Lublin*, exposée par lui cette année, ne marque pas seulement un progrès sur les tableaux de sa main qu'on avait vus à Paris en 1865 et en 1867, et qui représentaient des scènes du même ordre. De toutes les œuvres appartenant au genre historique que contient le palais des Champs-Elysées, celle-ci est la meilleure, la plus fortement conçue. L'unité de la Pologne et de la Lithuanie, proclamée à Lublin en 1569 par le roi Sigismond-Auguste et par les nonces des deux nations, — tel est le thème, considérable au point de vue de l'histoire, mais en apparence assez dépourvu d'intérêt pittoresque, que M. Matejko a entrepris de développer. Et pourtant la vaste toile qui reproduit cette scène toute politique n'a ni la majesté gourmée ni la froideur d'une page officielle. La vie circule dans tous ces groupes de personnages réunis pour accomplir le même devoir, mais s'en acquittant chacun suivant les différences que comporte l'inégalité des âges, des caractères ou des fonctions. Ici un vieux cardinal bénit de ses mains débiles ceux qui prêtent serment, tandis qu'un seigneur, debout derrière le fauteuil du prélat, les observe d'un œil scrutateur ; là les fronts s'inclinent et les mains se joignent pour la prière à côté de quelques bras qui se lèvent, de quelques regards passionnés qui cherchent le ciel pour le prendre à témoin de la foi jurée et du châtiment promis à quiconque oserait la trahir. Partout une dignité sans emphase, une animation sans violence, une variété sans confusion ; partout aussi une remarquable justesse dans le choix des types et la définition des physionomies. Avec un instinct plus franc des vérités caractéristiques et une plus profonde sincérité dans la manière, le talent de M. Matejko rappelle celui de M. Gallait. Comme l'*Abdication de Charles-Quint* du peintre belge, l'*Union de Lublin* réussit à transformer un sujet d'apparat en une scène dramatique. En outre, bien que trop martelée souvent, bien que taillée en quelque sorte à facettes, l'exécution de cet ouvrage a dans le coloris une solidité et dans le dessin une rigueur que le *Charles-Quint* du palais de justice à Bruxelles n'offre pas, si nous avons bonne mémoire, au même degré.

Mieux servi par l'ordre alphabétique que n'ont pu l'être MM. Lehmann et Hébert, M. Cabanel a obtenu pour ses tableaux une place dans ce salon d'entrée où il était d'usage autrefois de réunir les principales toiles de l'exposition. Le hasard en ceci s'est trouvé d'accord avec la justice, car, sans compter les titres antérieurs de l'artiste, l'un de ces deux ouvrages est un morceau de beaucoup de valeur, l'autre un morceau achevé. Parlons d'abord du tableau le plus important, à ne considérer que les dimensions de l'œuvre et la nature du sujet traité.

En traduisant à son tour avec le pinceau les vers immortels que Dante a consacrés à Françoise de Rimini et à Paul Malatesta, M. Cabanel n'a eu garde de renouveler simplement les tentatives faites de notre temps par d'autres artistes. Ingres avait représenté les deux amans à l'instant où, les yeux détachés du livre fatal, les lèvres déjà muettes et bientôt criminelles, ils oublient dans l'ivresse de leur passion la jalousie qui les épie et la mort qui va les frapper. Scheffer nous les avait montrés expiant leur rapide égarement dans les tortures et les larmes éternelles. Restait un moment à choisir entre l'heure de la faute et celle de la damnation, une image nouvelle à tracer de cette lamentable aventure, qui en rappellerait à la fois le début et le dénouement. C'est ce moment intermédiaire que M. Cabanel a remis sous nos yeux, il a représenté Françoise et Paul expirant l'un à côté de l'autre et livrant jusque dans leur agonie le secret de leurs amours. Le bras droit de Paul défaille en voulant soutenir la tête bien-aimée qu'il tâche d'entourer encore d'une dernière protection et d'une dernière caresse. De son bras gauche, instinctivement reployé par la souffrance et se crispant dans un effort inutile, le malheureux jeune homme essaie de retenir la vie qui s'échappe avec le sang de son cœur, tandis que, le corps déjà raidi par la mort sur le lit de repos où elle est tombée, Françoise incline son pâle visage vers celui de Paul, et par une tentative de mouvement suprême cherche à rapprocher son dernier souffle du dernier soupir de son amant. S'il n'était permis de regretter dans ce groupe quelques lignes aiguës ou saccadées, parfois disgracieuses, comme dans le bas de la robe et les pieds de Françoise, si en outre l'attitude de Lanciotto Malatesta, qu'on aperçoit au second plan, ne laissait quelque incertitude sur la construction et sur l'exacte direction de la figure, il n'y aurait qu'à louer l'art avec lequel M. Cabanel a su donner à une scène doublement périlleuse une expression aussi chaste qu'exempte d'emphase mélodramatique. Quant à l'exécution même, elle prouve une fois de plus le goût délicat du peintre et son habileté à créer l'harmonie dans l'effet et dans la couleur par la finesse des transitions.

Si jamais d'ailleurs M. Cabanel a montré cette science particulière à sou talent des dégradations et des nuances, n'est-ce pas dans le portrait de *Mme la duchesse de V…* qu'il a exposé cette année, œuvre charmante où la plus pénétrante intelligence de la physionomie s'allie à une grâce de pinceau singulière ? Élégance sans coquetterie de l'attitude, des contours, du modelé, suavité de l'effet, — malgré l'intensité naturelle des tons qui accompagnent les chairs et qui passent de la couleur blonde des cheveux au violet du fond, au rouge du fauteuil, à la couleur noire de la robe et des dentelles, — tout dans ce portrait résume avec un art exquis les conditions de ce qu'on appelle aujourd'hui « la distinction, » c'est-à-dire ce genre de beauté un peu frêle il est vrai, un peu dépourvue de vigueur ou de franchise, mais profondément expressive en raison de sa délicatesse même et des fins sous-entendus qu'elle implique.

Un des portraits les plus dignes d'être cités à côté du portrait peint par M. Cabanel est celui de la *grande-duchesse Marie Nicolajerna*, dû au pinceau de M. Jalabert, et relégué, malgré tout son mérite, dans une de ces salles supplémentaires où l'on n'arrive qu'après de longues fatigues, si tant est même qu'on s'avise d'y pénétrer. Comme la toile de M. Cabanel, l'œuvre de M. Jalabert se distingue par la finesse du sentiment, par l'unité des intentions que traduisent le dessin et le coloris ; elle laisse également deviner un grand fonds de savoir sous l'extrême réserve du style. Seulement, à force de redouter la violence et l'éclat, ce style ne laisse pas de s'apaiser parfois outre mesure, et de voiler en partie le charme qu'il recèle. Quand M. Jalabert consent à s'observer un peu moins, à se défier moins de lui-même, sa manière n'y perd rien en élégance ou en correction, et elle y gagne une certaine vivacité caractéristique. Nous n'en voulons d'autre témoignage que la jolie petite figure qui, sous le titre de *Souvenir d'un bal costumé*, représente la femme d'un des peintres contemporains les plus renommés.

Rien de moins voilé au contraire, rien de moins suspect de modération que le goût et la manière de procéder dans le robuste *portrait de femme en pied* dont M. Carolus Duran est l'auteur. Peu s'en faut qu'ici l'énergie de l'exécution ne dégénère en âpreté, la franchise de l'effet en brusquerie, et que le contraste entre le brillant de ces chairs, de ces satins argentés et le ton vigoureux du fond ne donne à l'aspect une violence pour le moins déplacée en pareil cas. Toutefois, malgré les emportements de cette manière et les formes presque vulgaires de ce style, l'œuvre de M. Carolus Duran révèle des qualités assez sérieuses, elle fournit des preuves de talent assez sûres pour qu'on n'hésite pas à lui assigner une des premières places parmi les travaux du même genre exposés au Salon. Si après avoir jeté les yeux sur ce portrait on les reporte sur les toiles environnantes, on sentira par le seul fait de cette comparaison ce que la peinture de M. Dura*i a de solide au fond, de copieux, de succulent, et quelle vigueur saine elle garde jusque dans l'abus de la force même, jusque dans l'excès de la fermeté.

La fermeté, n'est-ce pas là aujourd'hui la préoccupation dominante et aussi le principal danger du talent de M. Dubufe ? les d'entendre louer depuis si longtemps son habileté à peindre les femmes, cet artiste a voulu se réformer par la virilité de la pratique aussi bien que par le choix des modèles, et l'on sait les progrès en ce sens qu'il a faits depuis quelques années. Les beaux portraits entre autres de *M. Mosselman* et de *M. Paul Demidoff*, au Salon de 1868, ont prouvé que M. Dubufe était capable de peindre les hommes au moins aussi bien que les femmes ; les portraits qu'il expose aujourd'hui de *M. Lefuel* et de *M. Onfroy de Béville* nous semblent exagérer quelque peu les caractères de la conversion accomplie, et peut-être serait-il temps que, sans cesser de rechercher un style ferme, M. Dubufe craignît davantage de rencontrer un style dur, des formes d'expression en quelque façon métalliques. Les portraits peints par des femmes sont nombreux au Salon de cette année, et plus d'un soutiendrait la comparaison, sinon avec-les œuvres d'élite qui portent les noms de MM. Lehmann, Cabanel et Jalabert, au moins avec les toiles diversement estimables qu'ont signées MM. Parrot, Thirion, Gaillard, Cermak, Monchablon et deux ou trois autres. Parmi ces portraits sortis de pinceaux féminins, le plus amplement traité nous paraît être celui du *père Hyacinthe*, par Mme Henriette Browne ; le plus original et le plus fin, celui d'une *Jeune femme tenant une mandoline*, peinte par Mlle Cécile Ferrère dans le costume d'une contemporaine de Mme Tallien ou de Mme Récamier. D'autres œuvres de même origine, tout en indiquant une véritable habileté, n'ont pas cette simplicité ou cette franchise. Ainsi le talent de Mlle Jacquemart, quelque réel qu'il soit et quelques nouvelles preuves qu'en fournissent le portrait du *maréchal Canrobert* et le portrait de *Mme la baronne de M...*, ce talent ne se ressent-il pas de certaines prédilections trop habituelles pour les complications et les adresses de la touche ? Ailleurs, dans les portraits entre autres qu'ont peints Mmes Schneider, de Châtillon, Laperrelle-Poisson et Marie-Nicolas, on reconnaît une louable bonne foi en face de la nature, mais aussi des souvenirs un peu trop fidèles des écoles où ces artistes se sont formées. Enfin l'accent de vérité remarquable qui distingue un *portrait d'homme* signé du nom de Mme d'Ortès serait plus vif encore, si, au lieu d'un moyen d'effet exceptionnel, l'auteur de ce portrait avait choisi pour éclairer son modèle une lumière plus large et tombant de moins haut.

Quoi qu'il en soit, ce qui au temps de Mme Lebrun pouvait passer pour un phénomène s'est généralisé depuis quelques années au point de ne plus surprendre personne. Les femmes savent aujourd'hui exécuter un portrait ou un petit tableau à peu près aussi bien que les hommes, sauf à se contenter, comme ceux-ci le plus souvent, d'une habileté une fois acquise et de succès relativement faciles. Ainsi de ce côté encore le talent est devenu presque un lieu-commun, une sorte de monnaie courante dont chacun se sert au jour le jour, mais que bien peu de gens songent à convertir en trésor avec la volonté d'en accroître incessamment les ressources ou de n'y puiser qu'aux occasions.

Section II

S'il est dans notre école une région où ces témoignages d'habileté se soient multipliés depuis un quart de siècle, un ordre de travaux propres à démontrer qu'un savoir-faire à peu près suffisant est maintenant le lot de tout le monde, c'est sans doute le domaine de la peinture de genre et la série des œuvres qu'elle a produites cette année comme les années précédentes. Il faudrait plusieurs pages pour dresser la liste de tous les tableaux de genre agréables qui figurent à l'exposition de 1870, — depuis les sujets militaires, traités par M. Protais avec un sentiment quelquefois voisin de la poésie, par M. Détaille avec une précision de pinceau presque digne de M. Meissonier, jusqu'aux scènes de mœurs villageoises ingénieusement peintes sur d'assez grandes toiles par M. Delobbe ou, dans des dimensions plus restreintes, par M. Berne-Belle-cour, — depuis les scènes empruntées à l'histoire, au roman ou au théâtre par

MM. Comte, Pille et Olivié, jusqu'aux études faites d'après la nature contemporaine, à Rome par M. Sautai, dans les rues de Paris par M. Charles Brun. Que serait-ce si au catalogue des travaux de nos compatriotes se joignait le dénombrement de ceux qu'ont envoyés de Belgique les disciples ou les continuateurs de Leys, d'Allemagne les imitateurs de M. Knaus, de Suisse, d'Italie, d'Espagne, de Russie même, des talents de tous les âges et de tous les degrés ! Toutefois parmi ces-produits de l'art étranger il en est un que la critique ne saurait indiquer d'un mot, encore moins passer sous silence, parce qu'il révèle en même temps qu'un grand talent un instinct dramatique qui ne recule pas devant l'horrible : nous voulons parler de cette composition lugubre, véridique comme un procès-verbal, effrayante comme un mauvais rêve, que les *Derniers moments d'un condamné à mort en Hongrie* ont inspirée à M. Munkacsy.

Devant une petite table recouverte d'un linge blanc bordé de noir, appareil d'un deuil anticipé, en face du crucifix et de deux cierges aux lueurs funèbres, le misérable que la justice humaine a condamné est assis, immobile sous le poids de ses fers et sous le poids plus cruel encore des souvenirs et des terreurs qui écrasent son âme. Sans regard pour ceux qui l'entourent comme pour l'image du Dieu de miséricorde, il vient d'user ses dernières forces, de proférer son dernier blasphème en lacérant le livre de prières qu'on lui avait tendu et qu'il a rejeté à ses pieds ; maintenant, cadavre vivant, il attend dans l'inertie du désespoir l'heure prochaine où il achèvera de mourir. Derrière lui, sa femme sanglote contre la muraille, tandis qu'à quelques pas son pauvre enfant isolé, oublié même de sa mère, n'ose ni bouger de la place où on l'a laissé, ni relever la tête pour voir et tâcher de comprendre ce qui se passe. Rien de plus tristement expressif, rien de plus navrant que l'aspect de ce petit être en haillons, orphelin avant la mort de son père et pressentant instinctivement le malheur autour de lui ; rien de moins équivoque non plus ni de mieux rendu que la sombre curiosité des assistants et la diversité des impressions produites sur eux par le sinistre spectacle. Point d'excès en aucun sens, nulle exagération dans les moyens employés pour caractériser l'indifférence du factionnaire qui garde le condamné, ou la pitié mêlée de peur qu'éprouvent une jeune fille placée à gauche et vers le milieu de la scène une jeune mère portant son enfant dans ses bras. Tout est émouvant par la seule force de la vraisemblance, tout serre le cœur par l'image sans merci de la réalité ; mais, si effroyable qu'elle soit, cette réalité garde sa proportion et sa mesure, les formes qui la reproduisent sont en rapport exact avec ce qu'il y a dans un pareil sujet d'énergie farouche et concentrée. L'exécution, très simple, se réduisant même dans certaines parties à des indications de dessin et de modelé sommaires, procède d'un sentiment profondément judicieux et d'une science ferme sous des apparences faciles. Le coloris est d'une intensité sourde, d'une harmonie étouffée, d'une vigueur en quelque sorte silencieuse ; on dirait que les choses, comme les hommes, se taisent dans ce lieu de désolation et d'angoisse, et qu'en se glissant à peine par une étroite ouverture au fond du cachot, la lumière elle-même refuse d'apporter un simulacre de vie là où déjà tout appartient à la mort.

Et maintenant, si incontestable qu'en soit le mérite, une œuvre de cette espèce peut-elle être acceptée comme un bienfait ? La peinture a-t-elle le droit de demander ainsi des thèmes aux tragédies de cour d'assises, des inspirations à l'échafaud ? « L'art, écrivait Ingres, ne doit être que le beau et ne nous enseigner que le beau, » et il ajoutait : « Je ne proscris pas pour cela les effets de la pitié ou de la terreur, mais je les veux tels que les a rendus l'art d'Eschyle, de Sophocle ou d'Euripide. » Assurément la poétique de M. Munkacsy est tout autre. Non-seulement, dans le tableau dont nous parlons, il n'a pas prétendu nous informer du beau ; mais, pour exprimer le terrible, il n'a pas craint de choisir ce qui implique le moins l'idée de la dignité, ce qui pouvait le plus complètement démentir les principes ou les traditions antiques. Il a voulu être dramatique à force ouverte, historien du fait sans réticence, peintre de la plus hideuse misère physique et morale sans aucune concession aux besoins mystérieux de notre âme, aux espérances ou aux consolations que l'art doit porter avec lui. En cela, il a méconnu les lois mêmes de la peinture, la principale fonction du talent, et nous n'hésitons pas, pour notre part, à réprouver un art qui, loin d'élever notre intelligence, tend à la confiner dans des émotions sans issue, dans les bas-fonds d'une tristesse poignante ou d'une épouvante stérile. Cette protestation une fois faite, comment ne pas reconnaître dans le tableau de M. Munkacsy les témoignages d'une rare vigueur, les preuves d'un talent aussi original que fortement trempé ? Il y a là, j'en conviens, une erreur grave, presque coupable, une offense au goût et à la religion du beau ; mais, pour prêcher l'hérésie avec cette éloquence, il faut au moins une singulière puissance de conviction, et ceux qui reprocheront au peintre de s'insurger contre les saines doctrines ne refuseront pas plus d'honorer sa sincérité dans la révolte que de rendre la justice qu'elle mérite à son énergique habileté.

S'il fallait opposer un parfait contraste aux inclinations et à la manière de M. Munkacsy, on le trouverait dans l'*Education d'un prince* par M. Zamacoïs, dans le *Gulliver* de M. Vibert, ou dans tel autre ouvrage de cette gaie et spirituelle petite école qui, enjolivant l'anecdote ou le conte d'une pointe de satire, tourne une plaisanterie pittoresque comme un chansonnier un couplet. Sans doute ces menues scènes de mœurs sont traitées avec beaucoup de finesse narquoise et quelquefois avec un profond esprit d'observation, sans doute la justesse et la variété des intentions qu'expriment les attitudes ou les physionomies sont relevées encore par l'extrême précision du faire ; mais était-il bien nécessaire pour représenter, par exemple, cette *éducation d'un prince*, — c'est-à-dire un marmot abattant des soldats de bois devant quelques vieux courtisans qui s'extasient devant son adresse, — était-il opportun même de recourir aux procédés de la peinture à l'huile ? Un croquis lithographique ou une aquarelle nous en aurait dit tout autant, et des épigrammes qu'on passe un aussi long temps à polir, des traits d'esprit qu'on aiguise avec cette patience, risquent de perdre dans les formes quelque chose de leur vivacité naturelle et de la légèreté qui convient.

Bien que les représentants principaux de ce qu'on pourrait appeler la peinture ethnographique se soient abstenus cette année, bien qu'on ne voie au Salon aucun tableau de M. Gérome, de M. Fromentin, de M. Belly, le contingent en ce genre fourni par notre école est plus abondant que jamais. Sans compter le grand tableau de M. Dehodencq, *une Fête juive à Tanger*, que de *souvenirs* de l'Algérie et du Maroc par MM. Bédouin, Guillaumet, Magy et vingt autres ! Que d'études de coutumes ou de costumes depuis les *Derviches hurleurs* de M. Gide et les *Russes* de M. Patrois jusqu'aux sujets turcs, égyptiens, italiens, espagnols, chiliens ou chinois, traités, — pour ne citer que ces noms, — par MM. Pasini,

Darjou, Canon, Blanc, Pallière et Delamarre ! Parmi ces innombrables œuvres appartenant à un ordre tout descriptif, ou, si. l'on
veut, parmi ces *impressions* pittoresques de voyage qui se multi-
plient d'année en année, quelques-unes, il est vrai, comme *une
Rue à Jérusalem* par M. Bonnat, et *l'Emir* par M. Boulanger, se
distinguent par un mérite assez personnel, elles offrent assez d'intérêt pour que les artistes qui les ont signées puissent être regar-
dés comme les dignes lieutenants de ceux dont nous regrettions
tout à l'heure l'absence ; mais la plupart du temps à quoi bon ces
images de mœurs purement extérieures, ces curiosités dépendant
tout entières des couleurs ou de la coupe d'un vêtement, et qui,
supprimant presque l'âme de celui qui le porte, ne nous apprennent
rien de ses sentiments, de ses passions, de sa manière d'être homme
en un mot ? Est-ce donc un progrès que cette tendance générale à
substituer dans l'art l'imitation impartiale à l'imitation choisie, le
portrait des dehors à l'expression de la vie intime, le mannequin à
l'être moral ? Il faudrait voir là bien plutôt un symptôme d'abaisse-
ment, et ce n'est pas aujourd'hui un des moindres périls pour notre
école que cette facilité à se laisser séduire par les charmes muets
d'une donnée exclusivement pittoresque, par l'éclat de certains objets ou la bizarrerie de certains ajustements.

Le grand tableau que M. Victor Giraud a intitulé *le Charmeur* peut
être cité comme un exemple de l'abus que nous signalons. Ce n'est
pas qu'il n'y ait beaucoup de talent dans la disposition de cette
scène ou plutôt dans la distribution de la lumière qui l'éclaire ; ce
n'est pas non plus que l'exécution manque ici d'aisance, d'ampleur
même, ou que le coloris, bien qu'en général transparent comme
celui d'un vitrail, n'ait en lui-même une richesse et une décision
remarquables. Néanmoins quels enseignements, sinon des infor-
mations strictement matérielles, peuvent ressortir d'un tableau
n'ayant d'autre objet que de nous montrer des personnages antiques, somptueusement vêtus, en contemplation devant les tours
d'adresse d'un jongleur ? Qu'y a-t-il là qui s'élève au-dessus du
genre d'intérêt ou d'amusement qu'offrent dans la vie ordinaire les
frivolités mondaines, les plus futiles réalités ? Passe encore si tout
cela n'occupait qu'un petit espace ; mais prendre, pour retracer
cette scène de salon, une toile de taille à contenir tous les habitants
de l'Olympe, franchement c'est à peu près procéder comme un or-

fèvre qui cisèlerait un bijou dans une colossale masse de bronze, ou comme un poète qui emboucherait la trompette héroïque pour publier un madrigal.

Cette disproportion entre le sujet et le champ où il se développe est au reste un péché d'habitude chez d'autres peintres que les peintres de figures ; les paysagistes en particulier le commettent aujourd'hui avec une étrange facilité. Il semble que pour beaucoup d'entre eux tout se vaille dans la nature, que les beautés les plus inégales aient devant l'art les mêmes droits, et qu'un chemin entre deux haies ou quelques arbres au bord d'une mare soient tout aussi dignes d'être reproduits sur une grande toile que les majestueux sites chers à Claude le Lorrain et à Poussin. Le Salon abonde en erreurs de cette espèce, rachetées incomplètement par le talent réel de ceux qui les ont commises, et, pour n'en citer que quelques-unes, le *Sentier* et le *Coin de gazon* par MM. César et Xavier de Cock, l'*Effet de lune* par M. Wahlberg, les *Bruyères* par M. Ortmans, *le Soir* par M. Flahaut, le *Chemin près de Bannalec* par M. Bernier, auraient gagné beaucoup à être exécutés dans de moindres dimensions, à se réduire par exemple à celles qu'ont choisies M. Papeleu et Mme Collard pour peindre, l'une son charmant *Verger*, l'autre ses deux jolis *Effets de soir à Saint-Raphaël*. M. Ségé lui-même, qui dans ses deux paysages bretons a renouvelé cette année les preuves de solide talent qu'il avait déjà données l'année dernière, M. Renié dans son *Plateau de Belle-Croix*, M. Rapin dans deux études du *Ravin de Grotte*, empreintes d'ailleurs d'un sentiment de la nature très délicat, — ces artistes et d'autres encore n'auraient-ils pas montré tout aussi bien leur habileté et mieux contenté le goût, s'ils avaient adopté pour leurs travaux des cadres moins vastes, plus conformes par conséquent aux caractères modestes des sujets ? Chacun sait les progrès accomplis de notre temps dans l'ordre du « paysage-portrait, » comme disait dédaigneusement Valenciennes, et le nombre des talents qui remplacent aujourd'hui l'ancienne école : il ne faudrait pas toutefois qu'après avoir supplanté les gens, on en vînt à s'approprier leurs défauts, et que, sous prétexte d'achever la réforme, on se contentât de substituer à la fausse majesté du paysage académique une emphase d'un autre genre, — l'expression affectée ou délayée à l'excès de la réalité familière.

En regard des peintres qui se bornent à copier textuellement ce que leur offre la nature, plus d'un paysagiste cherche et réussit à concilier le style avec cette véracité pittoresque exigée aujourd'hui par l'opinion plus impérieusement que jamais. Une *Fontaine près de l'Ariccia* par M. Anastasi, le *Souvenir de la campagne de Rome* et *Castel-Fusano* par M. Jules Didier, les *Chênes verts* et le *Palais des papes à Avignon* par M. Paul Flandrin, appartiennent à la classe de ces œuvres ingénieusement éclectiques, et résument avec beaucoup de talent une doctrine dont la toile intitulée par M. de Curzon *Au bord de l'Océan* est aussi un des spécimens les plus distingués. Peut-être même faudrait-il voir dans ce poétique tableau le meilleur paysage du Salon, si les terrains du premier plan n'altéraient un peu par leur apparence conventionnelle l'unité et la vérité de l'effet. Il y a dans ces terrains faits de pratique quelque chose qui sent l'atelier et l'école, tandis que ces grands arbres et ces broussailles aux feuilles roussies par les approches de l'hiver, cette mer blanchâtre sous un ciel tristement gris, tout, jusqu'à cette figure de vieille femme mélancolique et oisive comme la nature qui l'entoure, tout reproduit une impression reçue en face des réalités elles-mêmes, ou tout au moins une image sincère des souvenirs qu'elles ont laissés. Enfin, avec des intentions de style moins élevées, mais avec un louable désir de dégager le sens secret des choses, M. Allongé dans son agréable *Forêt en octobre*, M. Node dans les *Bords de l'Hérault* et les *Gorges de la Dourbie*, M. Vuillefroy dans son *Bornage de Chailly* et son *Matin au Bas-Bréau*, interprètent par le sentiment les modèles qu'ils ont choisis, et ne se contentent pas, comme tant d'autres, d'en transcrire simplement les couleurs ou les formes.

Est-ce tout, avons-nous tout dit ? Les ouvrages que nous venons d'indiquer sont-ils, parmi les 4,000 peintures ou dessins exposés, les seuls qui méritent l'attention ? Nous nous garderons bien de le prétendre et de présenter les pages qui précèdent comme un résumé complet, encore moins comme un catalogue de tous les talents et de tous les travaux qui figurent au Salon de 1870. Nous n'avons cité ni la *Baigneuse* peinte par M. Bouguereau, ni la *Velléda* de M. Landelle, ni la *Marguerite* et la *Manon Lescaut* dans lesquelles M. James Bertrand nous a donné deux nouvelles éditions, mais des éditions amoindries, de sa jolie figure de *Virginie* exposée l'année dernière. Nous n'avons rien dit non plus des *Lavandières* ou des *Fileuses* de MM, Breton et Otto Wéber, des *Marines* de M. Courbet et des *Neiges* de M. Chenu, des *Paysages* de MM. Corot, Daubigny et Busson, des aquarelles de M. Bellay d'après Raphaël et des vaillants dessins de M. Bonhomme, nouveaux et curieux chapitres ajoutés par lui à son *Histoire pittoresque de la métallurgie*. Et pourtant ces ouvrages et plusieurs autres ne sauraient être confondus avec les œuvres qu'il est équitable de passer sous silence ; mais ils n'annoncent pas dans le talent de ceux qui les ont faits une évolution ou même une modification quelconque. Ils ne nous apprennent rien en réalité, et nous avions à rechercher surtout les témoignages ouvertement instructifs, les signes d'une habileté ou d'une manière de sentir imprévue. Ce sera, nous l'espérons, notre excuse pour bien des oublis apparents, pour beaucoup d'omissions qui, sans cela, ressembleraient à des injustices.

Section III

Nous ne croyons pas devoir terminer cette rapide revue des peintures produites par notre école dans l'année qui vient de s'écouler sans mentionner au moins quelques grands travaux de décoration monumentale appartenant à la même période. N'est-ce pas d'ailleurs sur les murs des églises et des autres édifices publics que se continue à peu près uniquement aujourd'hui la tradition de ce que l'on appelait autrefois la peinture d'histoire ? D'année en année, les grandes toiles deviennent plus rares au Salon, et si, pour apprécier l'état actuel de l'art dans notre pays, on s'en tenait à ce que les expositions nous montrent, on pourrait croire que l'école française ne compte plus que des peintres de genre, de portrait ou de paysage. Elle n'en est pas réduite là heureusement. Si les maîtres qui, depuis Gros jusqu'à Ingres, ont illustré la première moitié du siècle, n'ont pas laissé dans la seconde des héritiers de leur gloire et des remplaçants à leur taille, les élèves formés par eux ou les artistes de tonne volonté qui se souviennent de leurs exemples sont assez nombreux, assez zélés encore pour lutter avec honneur contre les succès dont autre part on fait bruit et contre l'indifférence de la foule. Qui sait même si les résultats de ces efforts, dont nous oublions presque de nous enquérir, ne défendront pas dans l'avenir l'art contemporain plus sûrement que les tableaux devant lesquels nous nous arrêtons avec le plus de confiance ? Sans parler d'autres travaux plus importants à tous égards, telle modeste chapelle comme celle que M. Michel Dumas a peinte dans l'église de Montmartre ou comme celle que M. Maillot achevait récemment de décorer dans l'abside de Notre-Dame de Paris, telle muraille sur laquelle la plupart d'entre nous ne jettent guère que des regards prévenus ou distraits, donnera peut-être de notre temps et de notre école une idée toute contraire à nos inclinations ou à nos engouements d'aujourd'hui.

Rien de moins rare dans l'histoire de l'art national que ces revirements complets de l'opinion. Que reste-t-il de l'immense renommée qu'avaient obtenue de leur vivant Martin Fréminet et les siens, tandis que ces dessinateurs de *crayons* dont on ne songeait point alors à tenir en haut prix les ouvrages résument maintenant les titres les plus sûrs et les vrais, mérites de l'époque ? Pour citer des exemples plus près de nous, l'estime qui s'attache de plus en plus aux sages *portraitistes* français du XVIIIe siècle ne tend-elle pas à faire justice de l'importance usurpée par Boucher, Fragonard et leurs pareils ? Sauf la différence des doctrines et des talents en cause, quelque chose de semblable pourra se passer un jour à l'égard des œuvres qu'aura laissées notre temps. A voir la somme d'habileté sérieuse dépensée sur les murs de nos monuments, on s'étonnera de nos préférences pour des témoignages moins dignes de respect, et ce que nous regardons presque comme l'inutile continuation d'une tradition usée deviendra peut-être à un moment donné la meilleure caution pour la dignité de notre école.

Parmi les travaux qui recommanderont ainsi à nos successeurs l'époque où nous aurons vécu, le vaste plafond que M. Alexandre Hesse vient de terminer pour le Palais du Commerce à Lyon nous semble un des plus méritoires. Y a-t-il rien de bien nouveau, dira-t-on, à personnifier des fleuves, des vertus ou des souvenirs historiques par des figures mythologiques armées de leurs attributs, ou à réunir aux pieds d'une ville transformée en femme des agriculteurs, des trafiquants de divers pays, pour indiquer par là les labeurs féconds et l'activité commerciale de cette cité privilégiée ? Soit, mais sur ce thème prévu un peintre, pour peu qu'il ait le sentiment et la science de l'art monumental, peut trouver des variations intéressantes, comme en reproduisant sur la scène les aventures

consacrées des héros de l'antiquité ou de la fable un poète dramatique peut en rajeunir la signification par sa verve propre, par la
puissance de l'imagination personnelle et du style. C'est de cette
docilité aux traditions vivifiées par les franchises de l'instinct et du
talent que M. Hesse a fait preuve dans son nouveau travail. Tout
en donnant à l'image de la ville de Lyon le cortège ordinaire de la
Justice, de la Force et d'autres personnages allégoriques non moins
connus, tout en représentant, suivant l'usage, le Rhône sous la figure d'un vieillard et la Saône sous les traits d'une jeune femme,
il n'a pas entendu pour cela rééditer sans les commenter ces types
classiques, et grouper une fois de plus quelques statues coloriées
sous prétexte d'érudition ou de purisme. Il a voulu, et il a eu raison
de vouloir, que l'aspect de son œuvre fût avant tout décoratif, et,
comme Titien et Palma n'auraient pas manqué de le faire en pareil cas, il s'est appliqué principalement à combiner des éléments
de richesse pittoresque. C'est ce qui explique le choix de certains
ajustements et les apparences de certaines figures, — la Sagesse,
entre autres, dont les draperies médiocrement austères et le casque
empanaché sembleraient presque un solécisme archéologique, s'il
ne fallait, vu le cas, y reconnaître une licence permise, ou plutôt
l'application d'une règle conforme à l'esprit et aux caractères de la
donnée.

On serait donc mal venu à prétendre juger de la scène peinte par
M. Hesse sur l'étiquette qu'elle porte, ou à chercher dans cette apo-
théose de la ville de Lyon un souvenir formel de l'Olympe dont
les élèves de David et leurs successeurs ont si obstinément célé-
bré les coutumes, tant de fois divulgué les secrets. Les divinités
que nous montre M. Hesse ont plutôt une origine vénitienne, et
d'ailleurs les figures aux vêtements de couleurs éclatantes qui per-
sonnifient, dans le bas de la composition, l'industrie de Lyon et
son commerce, suffiraient pour nous révéler la source à laquelle le
peintre a surtout puisé ses inspirations. On conviendra que, pour
accomplir une pareille tâche, il était au moins difficile de se rensei-
gner en meilleur lieu, et ce sera justice aussi de reconnaître qu'en
s'appropriant les exemples vénitiens du XVIe siècle, M. Hesse a su
en renouveler le sens par l'habileté de l'interprétation, en corriger
les formes quelquefois un peu turbulentes par les scrupules ou la
fermeté du dessin.

C'est également par une très heureuse association des suggestions du goût personnel et des enseignements dus aux maîtres que se distinguent les deux grandes compositions dont M. Laugée a orné l'un des bras de la croix dans l'église de Sainte-Clotilde à Paris. Ici toutefois les exemples qu'avait consultés M. Hesse ne pouvaient utilement trouver leur emploi, et la méprise eût été grande de demander aux peintres vénitiens des leçons pour représenter le *Baptême de Clovis* ou *sainte Clotilde secourant les pauvres*. Aussi M. Laugée s'est-il adressé ailleurs. Tout en faisant à la couleur une part assez large pour que la signification des deux scènes achevât par là de se dégager, il n'a eu garde de rechercher cet éclat dans les tons, ce luxe qu'excluaient naturellement les conditions morales de la tâche et le lieu où il devait l'accomplir. Ce serait plutôt de certaines fresques appartenant à l'école bolonaise qu'il semblerait avoir pris conseil, et s'il fallait, pour faire pressentir les caractères de son œuvre, choisir un type dans le passé, peut-être serait-on autorisé à dire que la *sainte Clotilde secourant les pauvres* procède des scènes de la vie de sainte Cécile peintes par le Dominiquin, à Rome, sur les murs de Saint-Louis-des-Français. A quoi bon insister au surplus ? La manière de M. Laugée est en réalité trop éclectique, elle révèle, dans les intentions comme dans les formes du style, un désir trop sincère de concilier les traditions consacrées avec des aspirations toutes modernes pour qu'on cherche à lui assigner d'autres origines que sa modération même et sa studieuse bonne foi. Veut-on des preuves de cette habileté à rapprocher et à fondre des éléments contraires en apparence, que l'on jette les yeux sur les figures qui reçoivent les aumônes de la sainte, et notamment sur l'enfant placé en face d'elle. Il y a là, dans la simplicité des attitudes et des gestes, dans la franchise avec laquelle les haillons mêmes sont reproduits, quelque chose de véridique et de foncièrement naturel qui accentue le fait représenté dans le sens de nos coutumes d'esprit ou de nos inclinations présentes, tandis que l'ordonnance générale de la scène garde une majesté architectonique aussi conforme aux souvenirs de l'art classique qu'aux exigences spéciales du sujet. N'était çà et là quelques traces d'incertitude, quelques faiblesses même, — dans le dessin par exemple de la religieuse qui se penche vers un pauvre, vu de dos au premier plan, — r ou si, dans le *Baptême de Clovis*, la recherche de l'harmonie n'aboutissait parfois à un coloris trop tendre, à une délicatesse voisine de la fadeur, l'œuvre de M. Laugée ne mériterait guère que des éloges. Telle qu'elle est et malgré ces imperfections de détail, elle prend rang parmi les meilleures peintures monumentales que notre école ait produites depuis le jour où M. Lenepveu achevait de décorer l'autre partie du transept dans cette même église de Sainte-Clotilde, et où M. Hesse livrait au public sa belle chapelle dans l'église de Saint-Gervais.

En entreprenant de compléter dans la nef de Saint-Germain-des-Prés le travail interrompu par la mort de son noble frère, M. Paul Flandrin s'imposait assurément une tâche difficile, mais à laquelle il était préparé mieux que personne par toutes les habitudes de l'intelligence et par tous les dévouements du cœur. Tant d'études et d'efforts poursuivis en commun, tant de souvenirs aussi inséparables des progrès de leur talent que des débuts ou des phases successives de leur existence, tout avait si étroitement uni les deux frères, si bien confondu leurs âmes jumelles que, même en disparaissant de cette terre, l'un devait se continuer et comme se survivre dans l'autre. C'est donc encore, à vrai dire, la pensée d'Hippolyte Flandrin que traduisent les deux nouvelles peintures servant de conclusion à la série des sujets représentés autrefois par lui, — bien que de ces deux compositions la première seulement, l'*Ascension*, soit conforme à certaines indications retrouvées après la mort du maître, et que, pour la seconde, aucune esquisse, aucun croquis même n'ait pu servir de point de départ et constituer une donnée, si sommaire qu'elle fût. Hippolyte Flandrin se proposait de clore par les *Préliminaires du jugement dernier* l'histoire des faits sacrés qu'il avait déroulée sur les murs de la nef. M. Paul Flandrin le savait ; mais pour mettre en œuvre cette intention, pour deviner les formes d'expression qu'aurait choisies son frère, il n'avait plus maintenant que ses propres instincts à interroger. En s'écoutant ainsi lui-même, il a entendu la voix de l'absent et reçu de sa chère mémoire des secours directs et de bons conseils. L'austère simplicité avec laquelle la scène se compose et s'explique, — l'éloquence de ce trône vide que le souverain juge va tout à l'heure occuper, tandis que deux anges calmes comme la force, inexorables comme la justice, gardent les avenues du divin tribunal, et attendent l'heure d'y traduire toutes les races et tous les siècles, — en un mot ce mélange de grandeur sans ostentation et de science sans pédantisme qui caractérise la manière d'Hippolyte Flandrin se retrouve ici, presque avec la même évidence que dans les œuvres signées de son nom. Ce n'est pas un médiocre honneur pour celui qui reprenait le pinceau tombé d'une pareille main que d'avoir su en respecter aussi pieusement les coutumes, en poursuivre, en renouveler aussi bien les travaux.

Les peintures récemment terminées par M. Sébastien Cornu dans cette même église de Saint-Germain-des-Prés ne se rattachent pas directement, comme celles dont nous venons de parler, à l'entreprise que la mort d'Hippolyte Flandrin avait laissée inachevée. Elles n'en sont pas le complément en ce sens que, placées dans le transept gauche, elles s'isolent par la disposition même des murs qu'elles décorent des deux séries de peintures dont Flandrin a orné le chœur et la nef. Fallait-il néanmoins s'autoriser de cet isolement pour faire acte complet d'indépendance, pour se dispenser de tout effort tendant à maintenir l'harmonie entre les diverses parties de la décoration générale, une certaine unité au moins dans les intentions et dans le style ? M. Cornu n'était pas homme à succomber à ces tentations de l'amour-propre, et d'ailleurs, élevé à la même école que Flandrin, nourri des mêmes doctrines et professant la même foi, il n'avait pas à vaincre ses inclinations ou ses habitudes pour s'accommoder des conditions que lui imposaient le voisinage et les exemples de son illustre condisciple. Restait toutefois une séparation nécessaire à établir, une différence à préciser entre les caractères de la tâche, au point de vue dogmatique, et les intentions que Flandrin avait entendu faire prévaloir par la nature même et la succession des sujets. L'histoire de la Passion résumée sur les murs du sanctuaire, la concordance entre l'ancien et le Nouveau-Testament démontrée dans une suite de doubles scènes accolées sur la frise de la nef et se complétant réciproquement, — voilà les deux termes du programme que Flandrin, à quelques années d'intervalle, avait choisi et développé. Il n'était donc plus possible, sous peine de tomber dans les redites ou de s'exposer à des comparaisons périlleuses de prendre pour thème soit les traditions antérieures à la venue de Jésus, soit les événements de sa vie terrestre. La vie surnaturelle du Christ législateur et rédempteur pouvait seule fournir à M. Cornu des sujets qui, se déduisant logiquement les uns des autres, lui permettraient de marquer la fin, de dire en quelque sorte le dernier mot des promesses ou des enseignements graduellement rappelés dans les peintures voisines. De là, sur l'une des deux parois du transept, quatre grandes scènes représentant *le Christ entouré des enfants, la Transfiguration, la Descente aux Limbes, la Mission des apôtres*, et, sur la paroi opposée, l'image des victoires de la croix se perpétuant depuis les miracles qu'elle opère au temps de sainte Hélène jusqu'aux prodiges de charité et de passion sacrée qu'elle inspire à saint François d'Assise et au mystique saint Jean, le fondateur des carmes déchaussés. Il y a dans le choix et dans le rapprochement de ces divers sujets, comme dans l'ordonnance de chacun d'eux, le témoignage de ce respect pour les hautes conditions de l'art dont le même peintre avait déjà fourni plus d'une preuve sur les murs d'autres églises, et particulièrement sur ceux de la chapelle de l'Elysée. Si la peinture d'histoire n'occupe qu'une place assez restreinte au Salon, l'importance qu'elle garde ailleurs et les travaux diversement recommandables qu'elle a suscités depuis quelque temps ne laissent donc pas de compenser, à l'honneur de notre école, le crédit attribué aux produits d'un art plus humble et les progrès de l'esprit de métier. Est-il bien sûr au surplus qu'on ne puisse, même au Salon, reconnaître ou pressentir plus d'une protestation contre nos entraînements actuels ? Le goût pour les petites habiletés prédomine-t-il à ce point que tout effort vers le beau se soit réduit aujourd'hui à la pure recherche de l'agrément, à une poursuite universelle du joli ? Il serait permis de le croire en face de la plupart des tableaux réunis au palais des Champs-Elysées ; mais, pour peu que l'on examine l'ensemble des sculptures exposées, on constatera sans peine de meilleurs symptômes. On trouvera que, loin de décliner ou de s'amoindrir, les tendances et les études se sont maintenues de ce côté à la hauteur du passé de notre école, si même elles n'ont atteint en général un niveau supérieur à celui qu'elles gardaient dans le cours des dernières années.

Section IV

Un fait qu'il convient d'abord de relever parce qu'il explique en partie les progrès actuels de la statuaire, c'est l'habitude prise par les artistes de travailler eux-mêmes le marbre, au lieu de se contenter, pour la reproduction du modèle en plâtre, des secours d'une main étrangère, de l'habileté toute mécanique du praticien. Le temps n'est pas encore loin de. nous où les sculpteurs français procédaient en pareil cas à peu près comme Thorvaldsen dans la seconde moitié de sa vie, et ne consacraient guère que quelques journées à des retouches qui, pour être fécondes, auraient exigé des efforts beaucoup plus longs. Aujourd'hui la lime et la râpe sont aussi habituellement dans leurs mains que l'ébauchoir. Si parfois l'usage qu'ils en font aboutit aux témoignages d'une recherche un peu minutieuse, si certaines figures, — cette *Femme adultère*, par exemple, dont le succès a été populaire au Salon de 1869, — arrivent à exprimer l'exagération du soin et l'adresse excessive de l'outil, beaucoup d'autres attestent chez ceux qui les ont faites un désir consciencieux de traduire leur pensée jusqu'au bout et de donner à leur travail cette correction à la fois achevée et palpitante que la mise au point la plus rigoureuse, les calculs mathématiques les plus exacts seraient, sous la main d'autrui, impuissants à faire ressortir.

Parmi les œuvres exposées au Salon dans lesquelles on sent le mieux cette vie personnelle et définitive, ce qu'on pourrait appeler les caresses accentuées du talent, l'*Arion* sculpté par M. Hiolle mérite d'être cité en première ligne. D'autres statues voisines de celle-là révèlent peut-être une étude de l'antique aussi profonde, une expérience égale des conditions scientifiques de la sculpture : il n'en est guère qui se distinguent par un style aussi conforme à la nature particulière du sentiment, par un mélange aussi heureux de liberté et de retenue dans la manière. M. Hiolle nous semble appartenir à l'école ou plutôt à la race des Coustou, non pas qu'il affecte le moins du monde l'imitation matérielle de ces maîtres, mais parce qu'il trouve comme eux le secret de donner au marbre une certaine animation sans excès pittoresque. Un peu plus, il est vrai, et cette souplesse dans le modelé se rapprocherait de la mollesse, ces combinaisons de lignes décoratives prendraient une apparence tourmentée. Dans la mesure où elles se produisent, les inclinations et la manière de M. Hiolle demeurent à l'état de pures qualités. Son *Arion* est un morceau d'élite, un ouvrage aussi bien conçu qu'habilement exécuté, et dans lequel, — mérite assez rare, — l'unité de type et de nature est maintenue sans équivoque d'un bout à l'autre. Les bras vivent bien de la même vie, ils appartiennent bien au même être que les jambes et le torse ; la tête, au lieu de répéter une fois de plus les traits consacrés de l'*Apollon* ou de l'*Antinoüs*, a son caractère propre, son genre de beauté imprévu, et cette tête charmante suffirait pour démontrer ce que le talent et le goût de l'artiste ont de vraiment personnel, de correct et d'indépendant à la fois.

En choisissant le marbre pour reproduire sa jolie figure, *un Vainqueur aux combats de coqs*, que l'on voit depuis quelques années au musée du Luxembourg, M. Falguière devait nécessairement modifier la composition primitive et réserver dans ce bloc de marbre un point d'appui auquel l'emploi du métal l'avait dispensé de recourir. De là cette draperie qui s'enroule autour du bras droit et qui tombe jusqu'au sol, non sans quelque dommage pour la vivacité générale des lignes, pour le jet même de la figure et l'élan joyeux du mouvement. On sent qu'il y a là une pièce de rapport, un compromis entre les souvenirs de la première tâche et les conditions nouvelles qu'imposait la seconde ; mais, cela dit, quels reproches adresser à cet aimable ouvrage ? Il semble difficile que le ciseau puisse exprimer plus délicatement l'élégance et la jeunesse des formes, qu'il réussisse mieux à rendre les plus fins contours et les moindres détails du modelé. Que la statue sculptée par M. Falguière n'ait pas gardé dans l'aspect général cet accent particulier que le bronze avait permis de lui donner, la le veux bien ; toujours est-il qu'en changeant de moyens, l'artiste n'a rien perdu de sa verve, encore moins de son habileté, et qu'en rééditant ainsi son œuvre, il en a plutôt perfectionné le style qu'il n'en a compromis la signification.

C'est à côté des remarquables figures envoyées par M. Hiolle et par M. Falguière qu'il est juste de placer le *Persée* de M. Tournois, bien que cette statue ne se montre encore que sous les apparences du modèle en plâtre, et qu'elle n'offre pas dans toutes ses parties cette harmonie complète, cette correction presque irréprochable, qui distinguent l'*Arion* et le jeune *Vainqueur*. Ainsi le visage du fils de Danaé manque de nouveauté, de caractère ; le fléchissement de la jambe gauche et le rapprochement des deux genoux donnent à l'attitude quelque chose d'indécis et de féminin ; la tête coupée de Méduse, que Persée élève de la main droite, a le double inconvénient de grimacer sans être terrible, et de présenter un volume à peu près égal à celui de la tête même du héros qu'elle avoisine. Toutefois en regard de ces imperfections que de preuves d'un grand goût, d'un vif instinct des conditions de la sculpture ! Ce qui frappe tout d'abord dans la statue de M. Tournois, c'est l'ample fermeté avec laquelle les divisions du corps sont établies, les formes partielles caractérisées, les muscles définis et résumés dans ce qu'ils ont de principal et d'essentiel. D'autres sculptures parmi celles qui figurent au palais des Champs-Elysées pourront attirer davantage les regards de la foule ; nous doutons qu'il y en ait de plus propre à intéresser les connaisseurs et à révéler, à côté d'une certaine inexpérience encore, une intelligence plus large, un sentiment plus mâle de l'art et des vérités qu'il lui appartient d'exprimer.

Un des sculpteurs contemporains qui savent le mieux allier la souplesse dans le mode d'application à l'inflexible dignité et à la certitude des principes, c'est sans contredit M. Guillaume. Procédant tantôt des traditions grecques ou romaines comme dans *Anacréon* et dans *les Gracques*, tantôt des souvenirs du moyen âge et de la renaissance comme dans les bas-reliefs du chœur de Sainte-Clotilde et du pavillon central du Louvre, tantôt enfin des exemples modernes comme dans le *Monument de Colbert* à Reims, ou dans la série des bustes de *Bonaparte* et de *Napoléon Ier* conservés au Palais-Royal, — le talent de cet éminent artiste s'approprie en toute occasion aux conditions exactes de chaque tâche. Sans s'affubler d'archaïsme, sans se dégrader non plus par l'imitation servile de la réalité, il dénote une connaissance aussi profonde des ressources variées de l'art qu'une ferme volonté d'en respecter les lois et les exigences immuables.

Le *Napoléon Bonaparte, lieutenant d'artillerie*, prouve une fois de plus cette aptitude de M. Guillaume à combiner les éléments caractéristiques avec l'élévation permanente de la doctrine. Sans doute, à part la grandeur historique de celui qui sera un jour Napoléon, quoi de plus ingrat en apparence, quoi de moins favorable à la statuaire qu'un personnage chaussé de bottes à revers, portant un habit d'uniforme à retroussis, sans compter un énorme chapeau à trois cornes qui, même tenu par l'une des mains, ne laisse pas de compliquer les lignes et d'en appesantir l'aspect ? En outre, malgré la beauté naturelle des traits du visage, la disproportion tout exceptionnelle entre le volume de la tête et la petitesse du corps, entre les longueurs du torse et des jambes, créait ici pour l'artiste des difficultés considérables. Elle l'exposait au danger de compromettre par la fidélité même du portrait l'expression d'élégance ou tout au moins la physionomie juvénile qu'il importait de lui donner. Peut-être quelques-unes de ces difficultés n'ont-elles pas été encore complètement résolues par M. Guillaume ; peut-être, avant de couler en bronze la statue dont il nous montre aujourd'hui le modèle, reconnaîtra-t-il lui-même l'avantage qu'il y aurait à rajeunir certaines parties un peu lourdes ou un peu viriles pour l'âge du personnage, — le haut du buste par exemple et les cuisses, dont le modelé ne laisse pas de paraître trop plein, surtout lorsqu'on regarde la figure en face. En tout cas, ce qu'on peut apprécier et louer sans hésitation dès à présent, c'est la fière simplicité de l'attitude, le caractère à la fois héroïque et vraisemblable des traits du visage, en un mot ce mélange de noblesse et de familiarité que comportait un pareil sujet, et qui devait en préciser le sens historique sans rien amoindrir au point de vue de l'art.

C'est aussi à l'ordre des sujets historiques, et des sujets relativement modernes, qu'appartient la figure modelée par M. Chapu. En représentant *Jeanne d'Arc à Domremy*, le sculpteur semble s'être souvenu du tableau peint, il y a dix ans, par Bénouville, et peut-être cette récente image de la sainte *pastoure* n'est-elle pas en réalité tout à fait nouvelle. En tout cas, elle répond bien à l'idée qu'on se fait de Jeanne d'Arc ou tout au moins à l'une des idées qu'on peut s'en faire, car, nous avons eu l'occasion de le rappeler déjà, il y a pour les artistes deux manières de concevoir cette noble figure. Ils peuvent ou mettre en relief l'élément héroïque en donnant aux traits, à l'attitude, à toute la personne de Jeanne une physionomie robuste qui exprimera la virilité de l'âme, — ou bien ne nous laisser voir que la colombe séraphique, la martyre d'autant plus digne de vénération qu'elle sera physiquement plus délicate, et que le rôle accepté par elle sera moins conforme à sa faiblesse. De ces deux modes d'interprétation, M. Chapu a choisi le premier. Jeanne d'Arc telle qu'il nous la montre est une franche inspirée, qui relève la tête et regarde le ciel comme pour protester hautement de son obéissance, tandis que ses mains energiquement jointes, sa taille large, — trop large même, — ses jambes violemment repliées annoncent un corps capable de porter l'armure sans faiblir et de défier toutes les fatigues. Il y a dans le modèle exposé par M. Chapu la promesse d'un bon ouvrage. L'habileté de l'artiste à travailler le marbre, habileté dont un *buste d'homme* fournit cette aimée même un nouveau témoignage, achève d'ailleurs de confirmer cette promesse et d'en garantir la réalisation.

Comme M. Lepère, auteur d'une statue de *Diogène* dont le modèle en plâtre avait été justement remarqué au Salon de 1868, comme MM. Lequesne, Thomas, Maniglier, Ernest Barrias, d'autres encore qui ont envoyé à l'exposition de cette année des figures ou des bustes dignes d'éloges, tous les artistes que nous avons nommés jusqu'ici se sont formés à l'école de Rome. S'il fallait donc, au temps où nous sommes, opposer à certaines attaques irréfléchies un argument en faveur de cette grande institution, on le trouverait certes dans le nombre et la diversité des talents qu'elle produit, particulièrement dans le domaine de la sculpture. Le mot « diversité » pourra surprendre ceux qui, confondant l'uniformité des sujets avec la manière de les traiter, attribuent une physionomie commune à cette succession de personnages mythologiques, de héros nus ou de nymphes arrivant de Rome d'année en année, ou sortant à Paris des ateliers d'anciens pensionnaires. Il serait néanmoins facile de relever, ne fût-ce que dans l'exécution matérielle, bien des signes de dissemblance entre ces statues à peu près pareilles au premier aspect. Sous ces formes renouvelées de l'antiquité, on démêlerait sans peine une érudition retrempée dans la poésie moderne, un respect pour le beau classique vivifié, suivant le sentiment de chacun, par l'étude de la nature. Parfois même il pourrait arriver que, loin de se montrer trop dociles aux traditions académiques, les anciens hôtes de la Villa-Médicis n'en parussent conserver dans leurs œuvres qu'un souvenir au moins mélangé. Sans parler du groupe bien connu qui personnifie *la Danse* sur la façade du nouvel Opéra, la statue de *Watteau* et le buste de *Mlle Fiocre*, exposés cette année par M. Carpeaux, suffiraient, je pense, pour montrer jusqu'où peuvent aller les talens en humeur de s'affranchir, et combien est léger pour eux le poids de ces prétendues chaînes. Et cependant ceux-là même qui, comme M. Carpeaux, paraissent rompre le plus violemment avec les doctrines et les exemples imposés à leur jeunesse, n'ont garde d'oublier au fond ce qu'ils leur doivent. Ils savent que sans cet apprentissage à Rome, en face des grands modèles, ils n'auraient pu, le moment venu, agir dans le sens de leurs propres inspirations et trouver ailleurs que dans l'expérience acquise la force nécessaire pour oser faire acte d'originalité. Suit-il de là que tout sculpteur étranger par son passé à l'école de Rome soit nécessairement sans talent ? Il serait absurde de le prétendre et de provoquer ainsi des démentis justifiés de reste par l'éclat de certaines œuvres ou la notoriété de certains noms. Ce que nous voulons rappeler seulement, ce que le Salon de 1870 achève de mettre en lumière, c'est l'influence salutaire exercée sur notre art national par une institution dont l'unique tort en réalité serait d'avoir deux siècles d'existence et de représenter, pour quelques esprits superficiels, une tradition surannée, une habitude d'ancien régime.

Nous ne pouvons que mentionner presque sans commentaires le *Mercure s'apprêtant à tuer Argus* par M. Hector Lemaire, ouvrage estimable, mais rappelant trop la composition de Thorvaldsen sur le même sujet, — *l'Enlèvement de Déjanire* par M. Schœnewerk, groupe en bronze bien ordonné, mais dont l'exécution est un peu molle et ronde, — *la Somnolence*, figure de femme dans laquelle M. Leroux à fait preuve de talent et en même temps d'une curiosité d'outil telle que le marbre semble avoir perdu à ce jeu quelque chose de sa solidité pour prendre, ou peu s'en faut, l'inconsistance de l'albâtre, — le *Tombeau du cardinal Morlot* par M. Lescorné le colossal *Crépuscule* de M. Grauk, et la statue équestre en bronze de *Louis d'Orléans*, frère de Charles VI, par M. Frémiet, — enfin les bustes, recommandables à divers titres, sculptés par MM. Iselin, Varnier, Frison et Franceschi. D'autres ouvrages sans doute mériteraient d'être cités ; mais, comme nous le disions tout à l'heure à propos des peintures, notre attention doit principalement se porter sur les talents assez près encore de leurs débuts pour autoriser des espérances ou pour réclamer des encouragements. Voilà pourquoi, avant de clore cet examen de l'exposition de sculpture, nous indiquerons de préférence à quelques travaux signes de noms déjà connus deux modèles de statues par des artistes dont nous n'avions rien vu ou du moins rien remarqué jusqu'ici.

L'une de ces figures, *un Rapsode*, par M. Morice, est une œuvre finement traitée tant au point de vue du style que quant à l'imitation même des formes. Nu et assis à terre, le rapsode étend le bras droit en avant comme pour lancer à ses auditeurs le trait poétique qui vient de s'échapper de ses lèvres, tandis que son bras gauche, s'arc-boutant sur la cuisse, élargit de ce côté la silhouette, et donne aux lignes une plénitude qui permet d'en embrasser l'ensemble d'un coup d'œil. L'exécution de l'œuvre a une véritable élégance, une élégance réglée par le goût et par un sentiment délicat de la mesure. L'autre figure, sur le socle de laquelle on lit ces mots : *Au gui l'an neuf,* représente un jeune Gaulois, ou plutôt un jeune garçon de notre temps, criant joyeusement en agitant en l'air une touffe de la plante sacrée ; cette statue est signée du nom de M. Baujault. Il n'y a là en réalité qu'une étude et même une étude assez incomplète, puisque les proportions du bras droit, celles des pieds et le dessin de quelques autres parties sont loin d'être irréprochables ; mais l'expression de la tête est vive et juste, le torse est souple, et le tout, malgré les incorrections de détail, respire la franchise, la bonne humeur et l'entrain d'une vie jeune.

Il y a de la jeunesse aussi et de la grâce dans le *Giotto* de M. Chervet et dans l'*Ismaël* de M. Just Becquet, dans la *Rêverie d'enfant* par M. Chabrié, comme dans le buste en marbre de *Bernardino Cenci,* sculpté par M. M. Degeorge, tandis que la recherche et quelquefois l'expression de la force caractérisent le *Gaulois blessé* de M. Delhomme, *la Pythie de Delphes* de M. Bourgeois, l'*Eve* de M. Delaplanche, et même une figure de femme, trop peu sévère d'ailleurs, que M. Allouard a intitulée *le Réveil.* On le voit, dans les rangs de ceux qui ne sont encore qu'au commencement de la carrière, le talent ne fait pas plus défaut que dans le groupe des artistes ayant dépassé l'époque de leurs premiers essais. Les garanties qu'ont fournies les uns, les promesses qui semblent engager les autres, forment un ensemble des plus rassurants, et l'on peut dire qu'à moins de se démentir brusquement ou de s'abandonner elle-même, notre école de sculpture nous donne le droit de compter sur l'avenir aussi bien qu'elle commande l'estime dans le présent.

La plupart des estampes exposées cette année ne sont pas de nature à inspirer la même confiance, et s'il fallait juger de l'état présent de la gravure en France sur les spécimens qu'en fournit le Salon de 1870, on serait autorisé à constater un singulier désarroi dans les ambitions comme dans les doctrines de notre école. Il est vrai que ni M. Henriquel et ses meilleurs élèves, MM. François, Salmon et Rousseaux, ni M. Martinet et les graveurs qui avec lui se sont voués à la reproduction des grands modèles, ni, dans un autre ordre d'art, MM. Jacque et Edouard Girardet, n'ont voulu opposer leurs œuvres à celles qui représentent, au palais des Champs-Elysées, le mouvement révolutionnaire. Le champ est donc à peu près resté libre aux graveurs de vignettes, à tous ceux qui, se contentant d'exécuter lestement un croquis, pensent à bien mériter de la Société des aqua-fortistes ou des éditeurs de livres *illustrés* beaucoup plutôt qu'à mettre à profit les exemples de Gérard Audran et de Nanteuil. Aussi, sauf quelques eaux-fortes consciencieusement traitées, comme la *Vue du château de Chambord* par M. de Rochebrune et diverses petites scènes par M. Rajon, sauf les pièces que recommandent les noms de MM. Bléry, Jacquemart et Lalanne, quelles œuvres citer de préférence parmi ces cinq ou six cents vignettes gravées sur bois ou sur cuivre avec une facilité presque uniforme, et n'exprimant rien de plus qu'un désir commun de supprimer dans l'art les longues et sévères études pour y installer le culte de l'improvisation ? On nous permettra donc de nous en tenir à un rapide coup d'œil sur l'ensemble de ces tentatives et à chercher ailleurs des témoignages de talent véritable ou tout au moins d'efforts sérieux.

Le *portement de croix* que M. Bertinot a gravé d'après le doux tableau de Lesueur, au Louvre, est un travail plein de charme, une reproduction aussi respectueuse qu'intelligente de la peinture originale, dont il y a quelques années, un autre graveur, M. Soumy, n'avait pas à beaucoup près rendu avec la même justesse la simplicité suave et la grâce. Là où son prédécesseur était tombé dans une sorte d'afféterie aride à force de rechercher la pureté du style, M. Bertinot a su se tenir à égale distance de la pauvreté et de la coquetterie. — Quant à M. Danguin, en gravant *le Rêve du chevalier*, conservé aujourd'hui à la Galerie nationale de Londres, il n'avait ni à réparer les erreurs commises avant lui ni à s'aider des exemples des autres. Cet exquis petit tableau de Raphaël n'avait, à proprement parler, jamais été gravé, puisqu'il n'en existait jusqu'ici qu'une maigre image pour l'*illustration* du livre de Passavant, M. Danguin s'est acquitté de sa tâche avec le talent dont il avait déjà fait preuve dans sa belle planche d'après *la Maîtresse du Titien*, mais aussi, cela va sans dire, avec un goût tout différent de la manière adoptée par lui pour l'interprétation de la toile vénitienne. *Le Rêve du chevalier* a gardé dans l'œuvre du graveur cette élégance naïve, cette fleur d'ingénuité qui, tout, en faisant pressentir les fruits prochains, n'est encore que la première promesse du génie de Raphaël, le premier signe de sa beauté et de sa force adolescentes.

Une suite de petites figures représentant *les jours de la semaine*, qu'Ingres avait dessinée en 1813 sur les feuillets d'un agenda, a été reproduite par M. Haussoullier avec une rare finesse, avec un sentiment de la grâce qu'on ne retrouve pas aussi heureusement expressif dans une planche gravée par le même artiste d'après une des fresques de Luini au Louvre, *l'Adoration des bergers*. Citons encore à côté de ces travaux *la Jeune fille à la lampe* de M. Flameng d'après M. Gleyre, bien que dans ce nouvel ouvrage le graveur de *la Source* et de plusieurs autres planches charmantes semble s'être un peu négligé, — le *Dante* de M. Levasseur d'après M. Gérome, — les sujets de genre gravés par MM. Paul Girardet, Thirion et Deblois, — divers portraits ou études dus au burin de MM. Huot, Dubouchet, Desyachez, Morse, Waltner et Rossello, et un très joli portrait de *Mlle Mayer*, lithographie d'après Prud'hon par M. Sirouy. Enfin la gravure de paysage telle que la comprenaient au dernier siècle Vivarès et Woollett, c'est-à-dire fort différente à tous égards de celle que pratiquent aujourd'hui les dessinateurs de croquis à l'eau-forte, cette gravure est représentée par quelques œuvres intéressantes, le *Paysage*, entre autres, de M. Outhwaite d'après van den Heyden, et surtout le *Printemps* de M. Willmann d'après M. Knaus, — estampe de l'aspect le plus agréable, dans laquelle l'extrême précision du faire n'ôte rien à la limpidité du coloris et à la souplesse sereine de l'effet.

Que conclure de tout ce qui précède ? Sont-ce dans le présent des progrès ou des signes de décadence que nous aura révélés l'exposition de 1870 ? sont-ce pour l'avenir des espérances ou des inquiétudes qu'elle autorise ? Certes, à ne considérer que l'activité matérielle de notre école et le nombre des témoignages qui l'attestent, on aurait lieu de croire à la prospérité croissante de l'art français. Il est évident que nulle part ailleurs que chez nous on ne réussirait à réunir une pareille quantité d'œuvres produites dans l'intervalle d'une année à l'autre ; il est clair aussi que, tout en se dépensant trop souvent en menue monnaie, la somme des talents dont dispose notre pays est encore assez brillante et assez forte pour nous dispenser de recourir au-delà de nos frontières aux emprunts. Suit-il de là toutefois que nous n'ayons aujourd'hui qu'à nous féliciter du train dont vont les choses, à écarter en face de ce qui se passe la pensée d'une réforme ou l'appréhension d'un péril ? La situation présente nous semble justifier des sentiments tout contraires. S'il est un fait que démontre l'examen même le plus superficiel du Salon tel que l'ont constitué les procédés d'organisation employés cette année, c'est le vice de cette impartialité à outrance, de cette jurisprudence démagogique qui assure aux plus infimes représentants du métier le même rang, là même hospitalité, les mêmes droits qu'aux artistes véritables ; c'est le non-sens d'un système qui, permettant à peu près à tout le monde de se mettre en scène, protège indistinctement le bien et le mal, le savoir et l'ignorance, les ambitions légitimes du talent et les appétits de la médiocrité ; c'est enfin ce débordement de toutes les prétentions, autrefois contenues ou refoulées, cette marée montante de vanités pour lesquelles les mérites d'autrui sont une offense, les titres les mieux acquis une usurpation, et qui tendent beaucoup moins à envahir les sommets de vive force qu'à les supprimer peu à peu en les rabaissant à leur niveau.

Pour l'honneur des principes les plus élémentaires comme pour l'honneur de notre art national, il est temps, grandement temps d'arrêter tout cela. Peut-être, nous le disions en commençant, était-on à peu près obligé cette fois de laisser les artistes ou ceux qui, prennent ce titre tenter une épreuve réclamée par les plus bruyants d'entre eux ; peut-être les conditions particulières où se trouvait la nouvelle administration des beaux-arts lui imposaient-elles, comme une mesure de prudence, l'essai d'un parti plus radical encore que le procédé, passablement démocratique pourtant, adopté depuis quelques années. Eh bien ! l'expérience est faite, on voit maintenant ce qu'elle a produit. Élection d'un jury dans lequel des hommes sans précédents fort sérieux siègent en nombre à côté de quelques artistes éminents, jury qui, avec le même mode de recrutement, serait très probablement l'année prochaine composé plus étrangement encore, — pêle-mêle systématique des œuvres de toute nature et des talents à tous les degrés, pour ne reconnaître et ne proclamer d'autre autorité que celle de l'alphabet, d'autres droits que les privilèges du nom propre, — enfin répartition de récompenses devenues insignifiantes en raison de leur uniformité réglementaire et de leur nombre, simples patentes annuellement délivrées à quarante peintres et à quinze sculpteurs, sans compter les graveurs et les architectes, — voilà les résultats du régime présent. Sont-ils tels qu'il faille s'en contenter ? Veut-on, en persévérant dans de pareilles pratiques, livrer de plus en plus le champ de l'art à des occupants de rencontre, et laisser la médiocrité s'installer là où la place ne devrait appartenir qu'au talent ? Veut-on, au nom de l'impartialité, anéantir la justice, au nom de l'égalité établir la confusion ? Au point où les choses en sont arrivées, c'est à cela que se réduit la question. Si le Salon ne doit plus être que l'entrepôt des produits récents de la peinture, de la sculpture et de la gravure, qu'un lieu d'asile banal pour toutes les œuvres en quête d'un regard ou d'un acheteur, — rien de mieux que d'abandonner à peu près à qui veut le prendre le soin d'y caser chacune d'elles, et de trouver, bon an mal an, parmi les exposants une soixantaine de nouveau-venus à médailler ; mais si, comme nous le croyons, le Salon a pour objet de représenter les progrès principaux de l'art contemporain, d'en résumer les efforts et la vie dans quelques travaux d'élite, il est nécessaire, il est indispensable de rompre franchement avec les doctrines négatives pour restaurer dans le monde des artistes le respect des justes principes, la notion de devoirs et de droits tout contraires aux rêves d'une égalité chimérique. L'exposition de 1870 et les faits qui l'ont précédée ou qui s'y rattachent démontrent assez l'urgence d'une semblable réforme. Il faut espérer que l'enseignement ne sera perdu pour personne, et qu'ainsi averties par l'expérience, l'opinion publique et l'administration des beaux-arts jugeront à propos d'aviser.

ISBN : 978-1983959943